Biblioteca de
FILOSOFÍA DEL DERECHO

Carlos Alarcón Cabrera
(Director)

Carlos Antonio Agurto Gonzáles
Sonia Lidia Quequejana Mamani
Benigno Choque Cuenca
(Coordinadores Generales)

PIETRO DE FRANCISCI
Profesor Ordinario de la Universidad de Roma
"La Sapienza"

Puntos de Orientación para el Estudio del Derecho

Edición al cuidado de
Carlos Antonio Agurto Gonzáles
Sonia Lidia Quequejana Mamani
Benigno Choque Cuenca

Ediciones Olejnik

Título: Puntos de orientación para el Estudio del Derecho

© Pietro De Francisci

Edición: 2018

Ediciones Olejnik
Huérfanos 611, Santiago-Chile
E-mail: contacto@edicionesolejnik.com
Web site: http://www.edicionesolejnik.com

ISBN: 978-956-392-328-5

Diseño de carátula: Ena Zuñiga

Diagramación: Hayden Méndez, yiset_mendez@hotmail.com

Impreso en Argentina 2018 Printed in Argentina

Índice

PRÓLOGO

Han sido varios los intentos que se han realizado para intentar despertar el estudio histórico del derecho, como también del derecho romano, pero todo parece indicar, que los libros actuales que tratan acerca de estos temas, no cubren el interés o no generan la expectativa que se requiere. ¿Qué ha pasado pues?, ¿será que cada vez son menos los abogados que se interesan por este tipo de temas? Se puede decir que existe una gran crisis histórico-jurídica, que cada día va en progreso, debido a las nuevas disciplinas o materias que ingresan en los planes de estudios. Muchas facultades dan paso a la modernidad, olvidándose de las bases que constituyen la historia de nuestra carrera. Materias como la historia del derecho, la filosofía del derecho, la teoría general del derecho y el derecho romano, van quedando de lado, como si tales disciplinas no importara más a los alumnos, lo cual conlleva a varias facultades de derecho, retirar estas disciplinas del plan curricular y colocar materias denominadas «modernas», lo cual no está mal, pero deberían hacerlo sin retirar los cimientos de la ciencia jurídica.

En la actualidad, varios alumnos muestran su pesar y sus quejas, por lo difícil de captar y aprender el estudio del derecho romano. El problema, no es el curso, ni el docente, sino, la metodología de enseñanza que muchas veces carecen algunos docentes. En algunos países de América latina, el problema de la mala enseñanza, recae en la improvisación de algunos profesores, que si bien, son abogados con todas las de la ley, no tienen el bagaje cultural sobre la historia de Roma y sus instituciones, tampoco la preparación en el latín, que es lo mínimo que un buen romanista debería saber. Si no conoce la historia de Roma, o no ha leído a autores como J. Otero Espasandi y su obra *Roma, la república*; Carl Grimberg y su obra *Historia de Roma* o la obra de Alberto Malet, *Historia romana, los orígenes, conquista y el imperio*. Por otra parte, si no sabe latín ¿cómo podrá pronunciar y traducir correctamente los aforismos y máximas romanas? Muchas veces, factores como los ya mencionados, son los que descreditan la enseñanza de materias tan importantes para la formación de los futuros abogados. Esa es la razón, por la cual, el conocimiento histórico del derecho ha quedado estancado o simplemente es visto como un «curso más», ignorando las raíces e importancia que tiene para los estudios modernos.

Algunos cuestionan la parte 'práctica' de estas materias, pero ¡qué mejor práctica que las fuentes bibliográficas, documentadas y la enseñanza de la historia nos han dejado! Un buen romanista, por ejemplo, sabe que la enseñanza del derecho romano, no solo es estudiar a Justiniano, ni la ley de las XII tablas, sino, comenzar un estudio desde la fundación de Roma, explicar en clase sobre los primeros romanos e incluso, tratar aspectos relacionados a la mitología romana, empezar por leer la *Metamorfosis* de Ovidio y luego la *Eneida* de Virgilio, no sería mala idea, de paso que se les proporciona a los alumnos, conocimientos esenciales sobre la cultura, religiosidad y mito en Roma. Luego los periodos o etapas del derecho romano y posteriormente las instituciones romanas, hasta llegar a Justiniano y al *Corpus Iuris Civilis*. De igual manera, sucede con la enseñanza de la historia del derecho, pues no solo se trata de aprender cómo fueron las leyes o los primitivos ordenamientos jurídicos en el mundo, sino destacar de las mejores civilizaciones antiguas, sus mitos, su civilización y una vez que se estudia el contexto, recién pasar al estudio de las leyes en las culturas antiguas.

Es así, como la presente obra *Puntos de orientación para el estudio del derecho*, de Pietro De Francisci, expresa -de modo similar- su preocupación por la mala didáctica y la pésima enseñanza de la historia del derecho en general. Pero para conocer algunos de los elementos esenciales que el autor rescata en su obra, empezaremos por conocer a Pietro De Francisci.

1. El autor

Pietro DE FRANCISCI, nació en Roma, un 18 de diciembre de 1883. Fue un jurista y académico, notable investigador, que dedicó parte de su vida a la actividad política en su país. Incluso, llegó a ser ministro de justicia durante el gobierno de Mussolini. Fue hijo de un inspector ministerial.

En 1887, se mudó a Milán con su familia y durante los primeros años del siglo XX, trabajó como secretario de un comité contra la reforma, lo que le permitió estar vinculado a considerables áreas del mundo católico. Este paso fue decisivo para él, ya que conoció a los eruditos de la ley romana, Contardo FERRINI[1] y Pietro BONFANTE[2], con quienes se graduó en derecho en 1905. Hay que mencionar que en la universidad, era un alumno destacado por su análisis de lectura y la investigación, lo cual lo llevó a manifestar su adhesión al método histórico-naturalista de sus maestros.

DE FRANCISCI participó en la formación de la Escuela de Papirología de Milán, entre los años de 1913-1914 y dirigió la parte legal. Presidió con Calderini y Castelli la publicación de los estudios del instituto antes mencionado. Luego se ocupó de la parte legal de la revista *Aegyptus*, dirigida por Calderini.

Fue en el año 1912, donde optó por la cátedra libre de derecho romano. El 1 de julio de 1924 se convirtió en profesor titular y en diciembre del mismo año fue transferido a la universidad romana. En los años posteriores a la primera guerra mundial -en la que participó desde 1916, primero como oficial de infantería y luego como empleado del servicio de información-, su espíritu

1 Fue un destacado jurista e investigador jurídico. También un ferviente católico romano, que vivió una devota vida de oración y servicio a los pobres. Ha sido beatificado por la Iglesia católica.

2 Fue un historiador del derecho romano. De 1915 a 1917, enseñó en las universidades de Turín, Pavía, Roma. También fue rector de la Universidad Bocconi de Milán. Fue una de las figuras más destacadas, completas y reconocido jurista de su tiempo. Estudiante del eminente jurista romanista Vittorio Scialoja. El pensamiento bonfantiano se centró en la importancia de la historia del derecho romano como parte integral de la historia del derecho moderno, en particular apoyó un vínculo psicológico de nuestra sociedad con el derecho romano.

de investigador y la atención a la historicidad de la ley, lo llevó a comprender con mayor certeza la evolución del derecho romano. Al mismo tiempo, se preocupaba por el estudio del derecho nacional, de modo que logró intervenir en el debate metodológico para subrayar los límites de la dogmática.

Años más tarde, en 1924, su obra titulada *La cesión de bienes. Historia y crítica de una doctrina,* que trata sobre el derecho privado empezó a tener un éxito insospechado. En 1925, se convirtió en decano de la facultad de jurisprudencia (derecho). En 1927, redactó un ensayo titulado *La misión del jurista,* donde criticó el enfoque jurídico alemán que pretendía identificar la ley con la voluntad del Estado, mientras exaltó al estado fascista como garante de la unidad moral, política y económica de la nación. Inscrito en el Partido Nacional Fascista desde 1923, fue comisionado por la federación fascista de Carnaro, entre enero y marzo del año siguiente.

En 1929, salió electo diputado, tras las elecciones monolistas. Fue ministro de justicia del gobierno de Mussolini, sucediendo a Alfredo ROCCO[3], del 20 de julio de 1932 al 24 de enero de 1935, el día en que fue reemplazado por ARRIGO SOLMI[4]. Más tarde, retomó la enseñanza, con el ensayo *Ideas para una renovación de la ciencia del derecho* (1939) y afirmó que la ley es una expresión del «deseo de ser» y es concreta en el establecimiento de un orden que tiende a implementarse a través del poder, ya que siempre existirá una tensión entre la voluntad del grupo social y la del individuo. En 1936, se convirtió en miembro de la *Accademia dei Lincei,* mientras que en 1938 se unió a la *Accademia d'Italia.*

En 1931, fue ganador del Premio Mussolini en ciencias morales e históricas. En 1937, se hizo cargo de Giovanni GENTILE[5] EN LA

3 **Alfredo Rocco** (1875-1935). Fue un político, economista y jurista italiano. Nació en Nápoles. Desarrolló el concepto y los principios de la teoría económica y política del corporativismo, que luego pasaría a formar parte integrante de la ideología del Partido Nacional Fascista de Benito Mussolini.

4 **Arrigo Solmi** (1873-1944). Fue un historiador, jurista y académico italiano. Se desenvolvió como ministro de gracia y justicia del gobierno de Mussolini desde el 24 de enero de 1935 hasta el 12 de julio de 1939.

5 **Giovanni Gentile** (1875- 1944). Fue un filósofo italiano. Su doctrina filosófica, derivada de la dialéctica hegeliana, fue denominada «idealismo

presidencia del Instituto de Cultura Fascista. En 1939 ocupó una silla en la *Camera dei Fasci e delle Corporazioni*. El Duque quería elegirlo presidente, pero Galeazzo Ciano[6] lo encaró, ya que deseaba que el sustituto de su padre fuera una figura del «más alto nivel». Al final optó por DINO GRANDI[7], mientras que DE FRANCISCI tuvo que conformarse con la vicepresidencia.

En abril de 1940, Mussolini -ahora cerca de tomar el campo junto al *Tercer Reich*- lo exoneró de todas las posiciones que tenía porque en ese momento prefería que al frente de la administración hubiera más «guerreros», para mantener, al menos la vicepresidencia de la Cámara y el dictador le satisfizo. La adhesión al régimen y los papeles principales que ocupó durante los veinte años lo hicieron impopular con la nueva clase política que se estableció después de la caída del fascismo.

En 1944 fue exonerado de la enseñanza, sin embargo, continuó dedicándose al estudio y redacción de ensayos jurídicos. El 17 de enero de 1949, fue reincorporado a la docencia por el Consejo de Estado y fue profesor en *La Sapienza* hasta el año 1954. DE FRANCISCI escribió ocasionalmente para *Il Tempo*, además dirigió numerosas instituciones culturales y mantuvo su producción literaria copiosa incluso en los años cincuenta y sesenta.[8]

Falleció el 31 de enero de 1971 y se encuentra enterrado en la capilla Picozzi-DE FRANCISCI, en el cementerio municipal de *Palosco*.

---

actualista». Está considerado como la personalidad intelectual más relevante del fascismo italiano.

6 **Gian Galeazzo Ciano** (1903-1944). Fue un político y aristócrata italiano. Ostentó el título nobiliario de conde de Cortellazzo y Buccari. Yerno del dictador Benito Mussolini y de Rachele Guidi, ejerció como ministro de Asuntos Exteriores del Reino de Italia entre 1936 y 1943. Jugó un importante papel en el seno del régimen fascista, así como en la política exterior europea de entreguerras. Como ministro de Asuntos Exteriores fue uno de los artífices del Eje Roma-Berlín-Tokio, ya comenzada la Segunda Guerra Mundial.

7 **Dino Grandi** (1895-1988). Fue un político fascista italiano. Llegó a ejercer como ministro de Justicia, ministro de Asuntos Exteriores y presidente de la Cámara de los Fascios y de las Corporaciones. Tuvo un rol importante en el colapso del régimen de Mussolini en julio de 1943.

8 HAMZA, Gabor. *Comparative Law and Antiquity*. Budapest, 1991. p. 249.

2. Su obra

La preocupación del autor, trata sobre la profunda crisis que existe en la sistematización de la enseñanza en la historia del derecho y el derecho romano. Las controversias y polémicas suscitadas en su época, están comprendidas respecto a la metodología y dinámica del aprendizaje, en otras palabras, DE FRANCISCI se queja por la ineptitud y la mala preparación de los docentes en la materia. Sostiene que para aprender historia del derecho es necesario recurrir a una vasta cantidad de textos y datos que se encuentran registrados fuera de las compilaciones usuales. Sugiere que el buen investigador desarrolle técnicas que le ayuden a remontarse a los orígenes del derecho, lo cual ayudará a reforzar la trayectoria académica y humanística e incluso destacarse en los nuevos estudios tal como lo sostiene KOSCHAKER.[9]

DE FRANCISCI, también proponía que los estudiantes de derecho demuestren interés en aprender ciencia y arte, para acompañar sus estudios de historia y dogmática. Enfatizó en la enseñanza correcta a través de una metodología investigativa que se desenvuelva en el campo social, ya que para él, el derecho era considerado como un estudio de la fenomenología, la cual determina una idea y una voluntad que logran actuar sobre un grupo que sigue el mismo fin organizado. También consideraba que el derecho no es más que una de las formas en que la voluntad del orden se manifiesta. Para profundizar

9 **Paul Koschaker** (1879-1951). En la Universidad de Graz, estudió matemáticas antes de optar por los estudios de derecho. En 1903, en la Universidad de Graz obtuvo un lugar para estudiar el doctorado en derecho *sub auspiciis imperatoris*. Su interés en el derecho romano lo llevó a la Universidad de Leipzig, a Ludwig Mitteis y Emil Strohal. Se habilitó en 1905 en la Universidad de Graz. En 1908, fue nombrado profesor asociado de derecho romano en la Universidad de Innsbruck, y en 1909, fue profesor titular en la Universidad alemana Karl Ferdinand en Praga. En 1915, fue nombrado presidente de derecho civil romano y alemán de la Universidad de Leipzig. Allí permaneció hasta su llamamiento a la Universidad de Berlín en 1936 y siguió adelante en el seminario que recientemente se estableció para la historia del derecho oriental, en particular, el estudio de los derechos cuneiformes. En 1941, se fue a Tübingen. Después de su retiro en 1946, siguió trabajando como profesor invitado en Münich (1946/47), Halle (1948), Ankara (1949/50) y Bonn (1951).

la historia del derecho, es necesario recurrir a textos que nos expliquen lo formación de ciertas reglas y preceptos, que fueron inspirados en creencias mágicas y ritualistas, e incluso en construcciones mitológicas o principios religiosos que marquen una determinada moral y aspectos éticos en un grupo social establecido.

Coincide con otros autores, al sostener que el principio de los ordenamientos jurídicos[10] existen gracias a estos componentes mencionados, los cuales llegan a conformar una sociedad. También reconoce que varios filósofos y juristas se han preocupado por llegar a resolver estos paradigmas.

En esta obra, De Francisci, resalta la figura del ordenamiento jurídico en las primeras páginas, denominándola como la voluntad del grupo social, que consiste en una organización, estructura y posición de la misma sociedad para que este grupo humano pueda subsistir. Para ello, el principal instrumento es la formación de las normas (jurídicas). Incluso, nos explica que el derecho vendría a ser voluntario, o lo que los romanos conocen como *omnes ius voluntarium*. Se debe a que la creencia en el orden inspira tal voluntad y por consiguiente justifica, regula y ordena tal sociedad.

El autor rechaza las ideas de Jellinek, respecto a que el ordenamiento jurídico no puede ser considerado como un mundo de abstracciones. Además, sostiene que la ciencia del derecho, siempre partirá de elementos particulares, los cuales ayudarán a desarrollar el pensamiento jurídico, dándoles un criterio directo en la compleja realidad. En suma, para De Francisci, el derecho viene a ser la voluntad del orden y el *querer ser*.

Respecto al estudio del derecho romano, sostiene que «no es posible, aprehender en su íntegra plenitud el Derecho romano si no se lleva a cabo una síntesis que ponga en relación la obra con su creador». La dificultades que existen para aprender el derecho romano, se pueden resolver aplicando estrategias

10 De Francisci, en su libro, sostiene que: «el ordenamiento social, surge de un conjunto de mitos, de creencias, de ideas, que llamaría *monogenéticas*, y se refiere siempre a una primaria y constante voluntad de obras».

distintas, en cuanto a la dinámica del diseño de las clases se refiere. En la actualidad, la enseñanza del derecho romano, recurre no solo a los textos escritos, sino a los trabajos de investigación y representaciones teatrales en las aulas.

De Francisci, sostiene que el derecho también debe interactuar con otras disciplinas, donde encuentre cierta afinidad en los campos de la filología, la filosofía y la historia universal, las ciencias de las religiones (religiones comparadas) y promover el estudio de la cultura y el arte. Sin embargo, los estudios del derecho deben cuidarse mucho de no caer en la dogmática general, ya que si aspira a ser un estudio científico, debe evaluar las condiciones de un conocimiento sistemático con el cual pueda construir principios y definiciones extraídas de las normas.

Es lamentable, que en nuestros días la dogmática se presenta como una disciplina cargada de principios y conceptos, que se denominan «ciencia». Sabido es, que la sistematización e interpretación de las normas son necesarias para la aplicación de un derecho vivo. Con lo cual se pretende obtener un conocimiento científico de la ciencia histórica como del derecho romano. También es lamentable, que existan algunos autores, que sostengan que el estudio[11] del derecho romano, solo pueda ser aplicado mediante el empleo y redacción de monografías o artículos de investigación. Es importante, que si un profesional del derecho va a dedicarse al estudio de la ciencia histórica, tenga la capacidad y la determinación suficiente para poder indagar e investigar los sucesos más relevantes del mundo antiguo, respecto al estudio de las leyes y las primeras instituciones jurídicas.

Los abogados y catedráticos del derecho, deben escapar de la rutina dogmática que se encuentra vigente, lo cual solo será posible si se empiezan a reconstruir las bases, estructuras

---

11 En su obra, el autor sostiene que «es evidente que la reconstrucción de los principios generales de un ordenamiento no puede realizarse con procedimientos puramente lógicos, ya que presupone un análisis histórico, que no es menos histórico por el hecho de ser aplicado a un ordenamiento jurídico vigente antes que a un ordenamiento del pasado».

y formas de organización en un ordenamiento jurídico, que guarde relación no solo con la aplicación de normas, sino con varios elementos de la civilización, considerados como sistemas de expresión social. Para lograr este objetivo, es menester que: «el estudioso, empujado por la voluntad de comprender, se formule toda una serie de preguntas», además de preguntarse ¿realmente se puede determinar un ordenamiento jurídico mediante los principios e instituciones que lo conforman? El problema podría tener solución si se logra determinar que el estudio de la historia del derecho y el derecho romano recuperen el valor cultural y trascendental que tenían en antañas épocas, ya que en la actualidad, no solo pierden vigencia y fuerza, sino que muchas facultades de derecho, ya no las consideran importantes (útiles). Esta podría ser una de las razones, por la cual muchas facultades exportan profesionales del derecho solo con fines litigiosos -lo cual no está mal-, pero también deberían preocuparse por aportar una base intelectual y una sólida información para la cultura del abogado.

El derecho no solo es el simple estudio y aplicación de las normas, no solo es el estudio memorístico de las leyes y los códigos, como tampoco es la mera explicación de una jurisprudencia vacía. El verdadero científico del derecho, al igual que un filósofo del derecho, se preocupa por aportar nuevos razonamientos, investigaciones y trabajos de calidad, mediante el aporte metódico, analítico e interpretativo, sea de los textos que lee o haciendo un estudio comparativo de la realidad y la función social que cumple. Por último tengamos presente el consejo de Pietro De Francisci, al sostener que «la meta última hacia la cual también nosotros, juristas, somos empujados por el ansia de sacar de la experiencia y de la especulación la confirmación puntual de aquellas verdades universales que, frecuentemente, como centellas serpenteantes e inaprensibles, relampaguean en lo profundo de nuestra conciencia, encendidas por el rato de lo divino que está en nosotros».

David Efraín Misari Torpoco[12]

12 Abogado, conferencista, latinista, romanista, bibliófilo, escritor y filósofo peruano. Egresado en Derecho por la Universidad Inca Garcilaso de la Vega y titulado en la UAP. Investigador jurídico y docente de Teoría General del Derecho, Redacción Jurídica, Filosofía del Derecho, Derecho Romano y Latín Jurídico en la Escuela Iberoamericana de Postgrado y Educación Continua (ESIPEC). Director del área de Filosofía del Derecho y Derecho Romano del Centro de Investigaciones Jurídico-Humanista y Social *Philos Iuris*. Cursó estudios especializados de Filosofía en la UARM y sobre Historia y Filosofía de la Religión en la FTPCL. Es autor de las publicaciones *El Abc del Derecho: Latín jurídico* (2011); *Paremias Filosóficas* (2013); *Teoría General del Derecho: Manual Práctico* (2013); *Latín Jurídico: Aplicación Práctica* (ESIPEC, 2016); *Latín Jurídico: Manual teórico-práctico* (Ediciones Olejnik, 2017) y Coautor de los textos *Oratoria Forense y Redacción Jurídica* (2010), *Redacción Jurídica* (ESIPEC, 2015) y *Diez reglas para aprender latín jurídico* (Ediciones Olejnik, 2018).

Puntos de Orientación para el Estudio del Derecho

En estos últimos decenios harto se ha escrito en torno a una pretendida crisis del Derecho romano, y muchos escritores se muestran evidentemente preocupados por la suerte de esta disciplina. Yo, soy pronto en afirmarlo, no comparto en absoluto estos temores[1] y, considerando el fenómeno en su conjunto, creo que dicha crisis, como todas las crisis, ha sido próvida y fecunda. En efecto, la floración, continuamente renovada, de polémicas a propósito de los métodos de estudio y de enseñanza del Derecho romano[2] — incluso si la discusión fue turbada, a veces, por resentimientos personales, prejuicios ideológicos y pasiones nacionalistas —, ha obligado a los estudiosos a someter a una revisión sus actitudes y sus procedimientos[3], a corregir sus posiciones y, sobre todo, a salir de peligrosos equívocos, a revelar la falacia de tentadores compromisos, a ponerse frente a la esencia misma del problema, que es mucho más vasto de lo que al principio parece.

En realidad, las controversias que se han agitado en torno al Derecho romano tienen un alcance que supera con mucho los confines de este. Históricamente, se refieren al contraste, ya

---

1 En esto, estoy de acuerdo con Carrelli y con Guarino.

2 Considero superfluo un elenco de los numerosos escritos en torno a estos problemas. Me limito a recordar aquí la obra de Koschaker, *Europa und das römische Recht,* Múnich, 1947, donde la cuestión es tratada ampliamente con el subsidio de una abundante literatura. Sobre la obra de Koschaker, véase ahora mi recensión en la *Rivista italiana per le scienze giuridiche,* n. s., vol. II (1948), p. 438 ss.

3 Por desdicha, no son numerosos en Italia los escritores que, como Betti y Grosso, entre los romanistas, y como Carnelutti, en un campo más vasto, tienen el valor de excavar profundamente para buscar las bases de la ciencia. E incluso quien no comparta en todo las opiniones de estos juristas, encuentra siempre en sus escritos un tesoro de ideas y de experiencias provechosas.

surgido en el Renacimiento, entre el *mos gallicus,* que miraba al conocimiento histórico del Derecho romano, como uno de los elementos de la civilización clásica, y el *mos italicus,* que tendía, por el contrario, a su aplicación, a su adaptación práctica, a su desarrollo dogmático. Las controversias se han hecho más agudas desde que la dirección moderna de nuestros estudios, con la muy larga parte asignada a la crítica de las fuentes, con la visión ampliada a otros sistemas jurídicos de la antigüedad, con el necesario recurso a una cantidad de textos y de datos que están fuera de la compilación justinianea, con el continuo y tenaz esfuerzo por remontarse a los orígenes de los institutos, determinar el punto de emergencia de conceptos y de doctrinas, seguir los desarrollos y las estratificaciones, ha transformado el estudio del Derecho romano en una disciplina exquisita y despreocupadamente histórica. Y entonces no pocos estudiosos se han planteado el problema de la utilidad de esta dirección — que Koschaker ha llamado neohumanística — para el adelanto del Derecho vigente, o sea, el problema de las relaciones entre aquella disciplina y la dogmática; y a la vez se han propuesto la tarea de establecer, mediante oportunas medidas, un programa de conciliación[4].

Pero yo pienso que difícilmente se encontrará un terreno común para un compromiso, porque el contraste, tan palmario y agudo, entre la romanistica moderna y la doctrina del Derecho vigente no es más que un aspecto particular de un contraste general y profundo entre dos formas o direcciones diversas del pensamiento, esto es, entre ciencia y arte del Derecho, entre historia y dogmática; y porque la cuestión de los métodos de investigación y enseñanza del Derecho romano y del valor científico y práctico de sus resultados, presupone la solución de una cuestión más vasta: la de las *positiones* desde las que el Derecho puede ser considerado, es decir, una *positio* de puro conocimiento y una *positio* de técnica aplicadora y creadora, a las que corresponden disciplinas absolutamente distintas en

4 Una propuesta de este género, hecha por KOSCHAKER en su obra citada, no me parece destinada a tener buen éxito : véase mi recensión, p. 447 ss.

los métodos, en el contenido, en los fines inmediatos[5], y de las cuales la primera, la ciencia, no puede ayudar a la segunda, el arte, mientras este puede traer luces y subsidios de la primera para mejor cumplir la propia función práctica.

Para afrontar este problema general, es decir, para entender lo que yo concibo como ciencia y lo que, por el contrario, defino como arte, y para medir sus diferencias y esclarecer la naturaleza de sus posibles relaciones[6], creo necesario tomar como punto de partida un dato experimental, traído de un examen de una forma cualquiera de organización social.

De este examen, el Derecho, considerado en su fenomenología, se nos presenta como *una de las formas* en que se expresan la idea y la voluntad de orden de un grupo, orden sobre el cual persiste y que tiende constantemente a actuar para el logro de determinados fines en interés del grupo mismo y de sus componentes.

Por verdad, el Derecho tiene su punto de arranque, como vio claramente Francisco Orestano[7], en la *«categoría del orden»*, categoría muy general, que descubre la unidad de la entera estructura mental en la multiplicidad de las formas lógicas y

---

5 Por tanto, no puedo adherirme a la opinión de PUGLIATTI, el cual, en un escrito seriamente meditado (*Fiducia e rappresentanza indiretta,* en la *Rivista* citada, n. s., II [1948], p. 182 ss.), ha tratado, con mucha habilidad, de justificar una ciencia jurídica que tiene al mismo tiempo valor cognoscitivo y función práctica, y que sacaría los propios métodos, sea de la ciencia histórica, sea de las otras ramas del saber científico. Los motivos por los que no creo acoger esta solución, es decir, la construcción de una ciencia de dos caras, de las cuales una mira al conocimiento científico, y la otra se dirige a la aplicación práctica, espero que resultarán de cuanto diré en el texto.

6 Algunas de las ideas expuestas en las páginas que siguen, han sido ya apuntadas por mí o desenvueltas en otros escritos; otras son mantenidas aquí por vez primera y son el fruto de una silenciosa meditación, la cual me ha convencido de que el conocimiento científico del Derecho se encuentra todavía en un estadio rudimentario. Que si la vanidad viquiana de los doctos se resintiese por esta afirmación mía, yo recibiré después muy gustoso el amaestramiento de quien, no compartiendo mi convicción, está seguro, por el contrario, de poseer la verdad. Me dispongo— solo para esto — a exponer libremente mi pensamiento : para que otro pueda, otro tanto libremente, y antes bien, liberalmente, corregirme.

7 *La logica del diritto,* en *Archivio di filosofia,* II (1931), p. 11 ss.; *Il diritto categoria dell'ordine,* ibid., II (1931), p. 44 ss.; *Osservazioni sul diritto,* en *Atti Reale Accad. dei Lincei,* ser. 6, vol. VI, fasc. 11-12.

categóricas que son su subespecie. Y, justamente, la función del Derecho es, en primer lugar, una «función ordenante», por donde le viene su carácter específico de relativa constancia e invariabilidad, y, en consecuencia, de certidumbre[8].

Sin embargo, como he subrayado, el Derecho no es más que *una de las formas* en que la voluntad de orden se manifiesta. Tal voluntad se expresa a través de las normas jurídicas — dentro de poco hablaré de la relación entre estas y el ordenamiento jurídico—, y también mediante una serie de preceptos y de reglas, inspiradas en creencias mágicas, en construcciones míticas, en sentimientos éticos, en relaciones económicas, de donde surge un conjunto de principios religiosos, morales, de ritual, de ceremonial, de conveniencia, que ejercitan no menos que el Derecho una función coordinadora y disciplinadora sobre los diversos elementos de que está constituida la sociedad humana. Cabalmente, junto a aquellos que los modernos, otorgando al término un particular significado técnico, llaman ordenamientos jurídicos, existen, o más bien coexisten en la sociedad, con eficiencia varia, según las formas y el desarrollo de esta, reglamentos mágicos y rituales, ordenamientos religiosos, sistemas éticos, estructuras económicas, y todo ello referido a la muy general categoría del orden[9]. Filósofos y juristas se han esforzado por establecer los criterios de diversificación de uno y otro tipo de preceptos y normas, llegando a formulaciones varias que no es este el lugar de exponer[10]. Este capítulo de nuestra

8 Por esto, según Orestano, el Derecho se inserta en el sistema protector de la economia de la vida y de los valores humanos.

9 Entiendo que esta consideración general debería resultar útil también para un fructuoso análisis de las relaciones entre Iglesia y Estado, esto es, entre dos ordenamientos necesariamente coexistentes dentro de la misma organización política.

10 No me parece, sin embargo, que la distinción sea establecida netamente cuando se afirma que las normas jurídicas se diferencian de las otras en cuanto su finalidad es la de instaurar y mantener una estructura y un orden social que responden a las que se consideran fundamentales exigencias de la vida común (Betti, *Diritto romano,* I, 1935, p. 2), porque la misma finalidad se da también en las normas religiosas, sobre todo en las fases más antiguas de la vida de la humanidad. Por la misma razón no considero válido criterio de distinción entre las normas jurídicas y las otras el recabado de la función estabilizadora del Derecho (Romano, *Frammenti di un dizionario giuridico,* 1948, pp. 82-83), porque

ciencia interesa aquí no ya cual construcción de distinciones conceptuales, sino como admisión por parte de todos los estudiosos de la realidad de un dato empírico e histórico: del hecho de que en todo grupo la voluntad de orden, bajo la acción de un conjunto de instintos, de intereses, de convicciones, de creencias, se expresa en una pluralidad de normas de vario tipo, esto es, de ordenamientos paralelos, que reunidos constituyen el ordenamiento social de aquel grupo.

De esta constatación se deduce que para comprender la estructura y la naturaleza de una sociedad, no basta estudiar el ordenamiento jurídico, porque esta no puede reducirse a puro ordenamiento jurídico; y se deduce todavía que, a fin de entender la índole, el alcance, la eficiencia de este ordenamiento, es necesario considerar, con referencia a cada grupo, los varios ordenamientos que coexisten y actúan de modo paralelo y se interfieren y condicionan recíprocamente, para concurrir todos, incluso a través de contrastes, a la vida de aquel ordenamiento social. Por tanto, pretender comprender el Derecho en su fenomenología, prescindiendo del estudio del ambiente en que nace[11] y de la existencia de otros ordenamientos — en cuanto manifestaciones de una misma voluntad de orden —, o lo que es lo mismo, prescindiendo de las diversas fuerzas espirituales que en varia medida, según los tipos de sociedad[12], concurren

análoga función y, frecuentemente, con mayor eficacia, dado su fundamento trascendente, ejercitan las mismas normas religiosas. Me parecería mejor decir (Betti, 1. c., p. 3) que la característica de las normas jurídicas está en la circunstancia de que representan la solución dada, según ciertas contingentes valoraciones del interés social, a un problema práctico, que puede ser de organización o de arreglo de los conflictos (para la distinción entre normas de organización y normas de conducta, cfr. Romano, *L'ordinamento giuridico,* 2.ª ed., página 79 ss.); añadiendo que otras características son las de la bilateralidad, la abstracción, la imperatividad (mediata o inmediata) y la coercibilidad (Del Vecchio, *Lezioni di filosofia del diritto,* 1930, p. 183 ss.).

11 Con esto no trato de hacer del ambiente, siguiendo las huellas de Taine, el factor determinante y exclusivo.

12 Hay sociedades, cual algunas primitivas, en que el ordenamiento religioso es más fuerte que el jurídico; hay otras en que los dos ordenamientos se entrelazan y casi se confunden, como la *nomocracia* de Israel; hay algunas, como las modernas, en que la *nomolatría,* que es también *estatolatría,* pretendería absorber en el ordenamiento jurídico cualquier otro ordenamiento.

a la organización[13], tanto seria como pretender conocer un organismo limitándose a estudiar la morfología y la anatomía, descuidando la biología, la bioquímica, la fisiología, la ecología, es decir, el estudio de las diversas fuerzas fisicoquímicas y de las situaciones ambientales que condicionan la vida.

Esta primera conclusión, fundada sobre observaciones que me parecen obvias, es tenida en cuenta al establecer la dirección metodológica de que hablaré más adelante.

Desde un punto de vista lógico, el ordenamiento jurídico no es, por tanto, más que una especie de un género más vasto que podemos llamar ordenamiento social; y desde un punto de vista histórico no es más que uno de los aspectos de un ordenamiento en que vive y se desarrolla junto a otros ordenamientos. Y lo mismo que cada uno de estos, siendo forma de una voluntad de orden – originaria y primordial –, es también creación de la voluntad del grupo[14], o sea, de su misma libertad, cuyo querer se hace ley de las voluntades particulares, las limita, las dirige, las constriñe.

Por esto, dudo mucho en adherirme a la doctrina institucional del ordenamiento jurídico, al menos en la forma en que la ha presentado Romano, reaccionando frente a la concepción del derecho como norma[15]. Según la teoría del llorado Maestro, el Derecho es el mismo ordenamiento del cuerpo social, «organización, estructura, posición de la misma sociedad en que se desenvuelve y que viene a constituir como unidad, como ente que subsiste por sí», que envuelve y comprende las normas y desde el punto de vista práctico tiene en estas su expresión más saliente, pero no consiste solamente en un conjunto de

---

13 Varios ejemplos de la coexistencia y de la interferencia entre ordenamiento no jurídico y ordenamiento jurídico se encuentran en el Derecho romano privado y público. De la cuestión me ocuparé próximamente.

14 No puedo, dada la índole de este escrito, detenerme a analizar los modos de formación de la voluntad del grupo, problema que se plantea para todos los tipos de ordenamiento y que no puede resolverse sino sobre la base de una vasta indagación histórica.

15 *L'ordinamento giuridico,* 2.ª ed., 1945; y véase también, para la crítica de la teoría normativista, Esposito, *Lineamenti di una dottrina del diritto* (estr. de los *Annali dell'Università di Camerino,* 1930), p. 35 ss.

normas, sino que, tomado en su conjunto unitario, las abarca y las supera. El ordenamiento jurídico, por consiguiente, es para Romano una institución, es decir, un ente o cuerpo social que tiene un ajuste estable y permanente y forma un cuerpo en sí con vida propia: las normas significarían más bien un producto o una derivación, mientras el ordenamiento sería[16] «un ente social dotado de propia organización y, consiguientemente, de una vida que se identifica con el espíritu jurídico que la anima y que no puede separarse de la estructura del ente, como no se separa el espíritu vital del cuerpo viviente, si no es por una abstracción. Estos entes, cuerpos sociales o instituciones, como quiera decirse, pueden ser voluntarios, pero algunos — y los más importantes— no tienen tal carácter, en cuanto son comunidades necesarias, como sucede, por ejemplo, con el Estado y, según nosotros — es Romano quien habla —, y no obstante toda contraria apariencia, la gran sociedad internacional». Después, a propósito de tal no voluntariedad de estas y de otras instituciones, escribe todavía Romano[17]: «Bastará... poner de relieve que, dada la ecuación entre el concepto de institución y el de ordenamiento jurídico, al menos el primer núcleo, la primera piedra en que un ente de tal naturaleza comienza a colocarse es un Derecho involuntario: solo en momentos posteriores, si no de modo cronológico, cuando menos lógicamente, podrá emanar de él un Derecho voluntario que, por lo demás, no llegará nunca a borrar las huellas del primero, ya que esto implicaría una solución de continuidad en la vida del ente y, por tanto, de su identidad. Ni con tal concepción contrastan las teorías contractualistas en torno al Estado, que cualquiera que sea su valor filosófico, exceden de la valoración meramente jurídica». Y todavía, profundizando el concepto de institución, Romano ve en esta «una organización que fija los verdaderos elementos de un ente, la función y posición de los mismos, así como la unidad resultante, subordinándolos al ente del cual vienen a formar parte». Y en otro lugar[18], insistiendo en su crítica a la teoría de la voluntariedad del ordenamiento

---

16 Cfr. Romano, *Frammenti di un dizionario giuridico,* cit., pp. 68-69.

17 *Frammenti,* cit., pp. 82-83.

18 *Frammenti,* cit., pp. 65-66.

jurídico, declara inexacta tal doctrina, fundándose sobre todo en la consideración de que la costumbre «es norma que se forma espontáneamente sin una particular voluntad enderezada a este fin, de modo que su formación puede ser también inconsciente o casi inconsciente. Los singulares actos de los que brota la costumbre pueden ser voluntarios, pero esto no significa que voluntaria deba considerarse ella misma, que es constituida automáticamente por su conjunto, por su uniformidad y repetición, por la autoridad de la tradición. La *opinio iuris sive necessitatis*, que suele indicarse como un elemento de la costumbre, será convicción, creencia, sentimiento, pero no es, ciertamente, voluntad, ni de los particulares, ni colectiva».

Sin proceder a una crítica profunda de esta doctrina que ha logrado tanto favor también por la autoridad del Maestro, creo necesario hacer referencia a los principales argumentos sobre cuya base la concepción de Romano no me parece aceptable.

Ante todo, no veo cómo se pueda sostener la ecuación entre ordenamiento jurídico e institución, entre ordenamiento jurídico y Estado o entre ordenamiento jurídico y sociedad internacional. La reducción del cuerpo, ente o institución a ordenamiento jurídico no es una operación arbitraria de abstracción. La investigación histórica — de la cual huía, por el contrario, la mente de Romano — nos pone de relieve cómo la *sustancia* del cuerpo social es el producto de fuerzas que podemos llamar naturales, cual son naturales los instintos — impulsos sexuales, necesidades económicas, miedo, necesidad de defensa, etc. —, y cómo su *forma*, es decir, el ordenamiento social, surge de un conjunto de mitos, de creencias, de ideas, que llamaría *monogenéticas*, y se refiere siempre a una primaria y constante voluntad de orden. Pero tal ordenamiento social, según ya hice observar, no se presenta, ciertamente, como simple y único, y tanto menos como *puro* ordenamiento jurídico, sino más bien como una trama de ordenamientos varios, aun cuando todos referidos a una primigenia voluntad de orden. Dada esta pluralidad, esta complejidad, esta riqueza, la identificación del cuerpo social con el ordenamiento jurídico no es posible sino a costa de sustituir la realidad viva y corpórea por un esquema lógico, abstracto, que la deforma, la empobrece, la destruye.

Es verdad que por los juristas no se suele hablar de ente social *organizado* sino en cuanto a él corresponda un ordenamiento jurídico que, considerado desde su ángulo visual, aparece como el más eficiente e imperioso, dada la coercibilidad de sus normas y su tendencia a limitar el alcance de los otros ordenamientos que regulan la vida del ente mismo. Pero esto no autoriza, en absoluto, para reducir el ente social a ordenamiento jurídico, en cuanto que todos los otros ordenamientos continúan viviendo en la sociedad y obran *ab intus* cual exponentes de fuerzas activas y productivas, que en ella se agitan y prorrumpen, que en su conjunto constituyen la sustancia espiritual del cuerpo social y que cada uno de aquellos ordenamientos trata de someter a la propia disciplina. Por tanto, aun admitiendo que para el jurista puro el cuerpo social organizado, sea como Estado, sea como sociedad de los Estados, exista solamente en cuanto encuentre su forma en un ordenamiento jurídico, este no puede identificarse con el cuerpo social, cuya esencia es infinitamente más rica y compleja. Se trata de entidades distintas, si bien unidas entre sí por una relación dinámica dentro de la cual se desenvuelve un juego constante de acciones y reacciones.

En segundo lugar, yo considero que solo partiendo de esta distinción entre ente social — institución — y ordenamiento — distinción impuesta por un análisis de los agrupamientos sociales—, es posible entender la diversa naturaleza de las instituciones y de los ordenamientos. Es decir, que la distinción permite descubrir cómo la sustancia primigenia de las instituciones, producto de movimientos instintivos elementales, pertenece a la esfera de la necesidad — o sea, de la naturaleza—, y cómo los ordenamientos, esto es, la forma, pertenecen a la esfera de la libertad, según es demostrado en orden a las variedades de los ordenamientos por la misma sustancia primigenia. Por tanto, también el ordenamiento jurídico, aunque sea lógicamente contemporáneo y correlativo al nacimiento de la institución, debe referirse al hombre y a su voluntad, en cuanto aquella forma — el ordenamiento — es querida como permanente — y esto *ab initio,* sin lo que el ente no podría nacer como institución — y querida en un determinado modo que corresponde a una particular concepción del orden. Con esto no se quiere retornar a las teorías contractualistas, sino tan solo reconocer que la organización del ente no puede dejar de referirse a los sujetos humanos y a su voluntad — o, históricamente, a algunos sujetos y a algunas voluntades más vigilantes y más avisadas—, los cuales lo sienten y lo conciben como necesario y, justamente por esto, lo quieren. La *opinio necessitatis* no excluye la voluntad, sino que la inspira, la incita, la sostiene[19]. En consecuencia, el ordenamiento jurídico, no menos que los otros ordenamientos, es algo querido, incluso si se considera como necesario y conforme a un determinado orden —sentido la mayor parte de las veces como trascendente— que dirige la voluntad, pero que no la anula. Todo el *ius* es *voluntarium,* incluso cuando surge para adherirse a aquel orden trascendente: un *ius* no voluntario no existe, o es tal solamente en apariencia[20].

Por otra parte, aun refiriendo el ordenamiento jurídico a la voluntad de orden, no entiendo afirmar que todo principio de aquél surja como volición de una regla general abstracta, cual es la norma de ley. Brota, ciertamente, de una volición, pero en sus comienzos de la volición de una acción concreta. El origen primero de la dirección impresa a la acción, a la finalidad de crear una determinada situación conforme con una cierta concepción del orden, viene buscado, como dije, en un conjunto de instintos, de necesidades, de creencias, de mitos. Progresivamente aquellas acciones y aquellas particulares situaciones, con su repetición —influjo del precedente— y a través de un largo proceso psicosociológico de racionalización, generan reglas, y estas, a su vez, principios, conceptos, ideas. A seguido de este desarrollo, en el que la razón viene justificando acciones

---

19 Es evidente después la contradicción contenida en las palabras de Romano cuando asevera que la costumbre se forma «***espontáneamente*** sin una particular voluntad» : la espontaneidad es siempre voluntad libre y autodeterminación.

20 Por lo demás, la doctrina de Romano en torno a la formación de la costumbre no encuentra alguna base en el terreno histórico, como ha demostrado Lambert, *Etudes de droit commun législatif, La fonction du droit civil comparé,* I, Paris, 1903, con su crítica a la doctrina tradicional de la costumbre.

y situaciones nacidas de móviles instintivos o sentimentales, pero determinadas de acuerdo con una voluntad de orden, aunque sea vaga, y no por esto menos efectiva, los principios, los conceptos, las ideas llegan a sustituir los móviles primitivos obscurecidos y durmientes, y favorecen la continuidad de una conducta semejante a la sugerida por estos móviles bajo la emoción del momento. La creencia en el orden que inspira la voluntad de orden se hace ahora idea del orden, o más bien, de un determinado orden; y la idea, consiguientemente, no solo justifica ciertas voliciones y acciones, sino que las regula y las impone. En efecto, si se acepta una idea como verdadera, se convierte en deber de obrar de conformidad con ella, no ya bajo el influjo de un sentimiento momentáneo, sino por la aplicación de un principio duradero. Y, por ende, la voluntad de orden que al principio se manifestaba en voliciones particulares, viene ahora a expresarse, seguidamente a aquel proceso de racionalización, mediante un conjunto de reglas y de principios generales, cuyo valor depende de la verdad atribuida a las ideas. Pero *queridas* son tanto las acciones y situaciones particulares, cuanto las reglas generales, ya sean queridas y formuladas como tales, ya se pongan de relieve a través de un conjunto de conductas o de actos particulares[21].

---

21 No. se me escapa que la doctrina de la no voluntariedad del Derecho encuentra el apoyo de algunas corrientes de la filosofía moderna. Esta, con CROCE, no duda en negar que la norma sea una verdadera y propia manifestación de voluntad, fundándose sobre el carácter *abstracto* del llamado querer de la ley, la cual no haría más que indicar unas reglas a las acciones concretas, que después podrán cumplirse de acuerdo o en contra de sus preceptos. Y así como una voluntad abstracta no sería verdaderamente una voluntad, sino una ayuda de ella, los actos voluntarios a considerar como tales, serían, no las leyes, sino los de los sujetos que las observan o no las observan, y, por tanto, no el derecho objetivo, sino el derecho subjetivo, que después, para CROCE, no tendría caracteres diferenciales propios, puesto que se resolvería en una actividad económica, que se diferencia de la ética.

Análogamente, por lo que se refiere a la voluntad, pero de modo diverso, por lo que atañe a la clasificación de la actividad jurídica, se manifiesta GENTILE, para el cual la ley, que ha sido querida en el pasado y que se presenta como algo ya querido, es una voluntad abstracta y, por tanto, no una voluntad verdadera y propia : debe tomarse en consideración en cuanto llega o vuelve a ser concreta en las actividades que la toman por contenido y la hacen así revivir como querer efectivo. En consecuencia, el Derecho, que en cuanto subjetivo, esto es,

Una vez excluida, sea histórica, sea conceptualmente, la posibilidad de identificación entre cuerpo social y ordenamiento jurídico, y una vez reconocida la voluntariedad del Derecho, es forzoso retornar a la tradicional concepción de este como complejo normativo. Ni veo cómo se podría configurar

---

comportamiento actual, sería concreto, se presentaría, según GENTILE, como un proceso en el que se debieran distinguir dos momentos, en función el uno del otro : el momento abstracto, que tendría naturaleza económica, y el momento concreto, en el que aquél aparece superado y resuelto, y al que, por el contrario, debe reconocerse naturaleza ética.

No me parece que estas concepciones filosóficas puedan ser acogidas, porque no sorprenden exactamente la naturaleza del derecho objetivo.

En primer lugar, se debe poner de relieve que, tanto CROCE, cuanto GENTILE, aun afirmando que la norma no puede considerarse como una voluntad *verdadera y propia,* no se atreven a sostener *sic et simpliciter* que no sea voluntad. Ya esta formulación revela la debilidad de la doctrina: la norma, o no es voluntad, o es voluntad; y en este caso, no puede ser más que voluntad verdadera y propia.

En segundo lugar, se observa cómo en CROCE y en GENTILE el punto de partida de todo el razonamiento está constituido por el realce del carácter abstracto de la ley, de la norma, en general. Pero, si es verdad que uno de los caracteres de las normas jurídicas es su abstracción, no lo es, en absoluto, que estas traigan su origen de una *voluntad abstracta* y, consiguientemente, estando a lo que dice CROCE, ni verdadera ni propia. Las normas (tengan su génesis en creencias, mitos, intereses, sentimientos, o bien en ideas e ideologías) son siempre expresión de la voluntad concreta de hombres o de colegios de hombres (soberanos, jueces, expertos, legisladores), incluso si es abstracta la fórmula usada para indicar el contenido de aquella volición. (Históricamente, por otra parte, las formulaciones abstractas son fruto de operaciones reflexivas y de una técnica ya adelantada.)

Salvo que en este punto, GENTILE, avisado de que la tesis de la abstracción de la voluntad difícilmente hubiera podido defenderse con los razonamientos de CROCE, ha recurrido al argumento del tiempo, observando que la norma querida en el pasado aparece en el presente como algo ya querido y, por tanto, como una voluntad abstracta. Pero también esta afirmación está privada de fundamento. Si la norma existe dentro de un determinado ordenamiento jurídico y si tiene validez (incluso independientemente del hecho de que sea seguida o aplicada por los particulares), es señal de que es *actualmente querida,* de que, por eso, es todavía voluntad concreta (de un príncipe, de un colegio, de una asamblea; en suma, de un grupo, o de sus órganos), como en el momento en que fue por primera vez manifestada ; y no tiene necesidad, para volver a ser concreta, de otras actividades que la tomen por contenido, porque ella es ya contenido de una voluntad permanente del grupo. Diversamente, se debería reconocer la naturaleza de voluntad concreta a la abrogación de una norma, y negársela a su conservación. Lo que es absurdo, cuando se trata de desconocer el carácter de voluntad concreta a un testamento o a un contrato, porque uno y otro implican algo ya querido.

diversamente: un ordenamiento sin orden, un reglamento sin reglas, una organización sin principios organizadores, aparecen lógicamente inconcebibles. Ni las normas pueden definirse como una derivación del ordenamiento jurídico, como afirma Romano al identificar este con el ente social, sino que deben considerarse como la esencia misma del ordenamiento.

Pero sería erróneo, ciertamente, el considerar que este complejo normativo, esto es, el sistema de los principios jurídicos que tienden a regular la vida del cuerpo social, se agota en el conjunto de las normas abstractamente formuladas y comunicadas a los componentes de aquél. Por refinados que sean los procedimientos de definición, de formulación, de revelación, de comunicación de las normas, no aciertan a expresar sino una parte de los principios de organización y de conducta, de los que una porción notable queda implícita en el ordenamiento mismo, hasta que no se presente la ocasión o la necesidad de declararlos, es decir, de exteriorizarlos. Las reglas formuladas —pongamos las leyes y las sentencias— no representan la totalidad del ordenamiento jurídico: frecuentemente son una expresión parcial e imperfecta de este, unos indicios de lo que en verdad constituye la interior peculiaridad del ordenamiento, es decir, su espíritu. Consideración que me agrada acentuar, dada su importancia para todo lo que diré seguidamente.

De otra parte, incluso definido como complejo normativo, el ordenamiento jurídico no puede ser considerado, siguiendo las huellas de Jellinek y de otros estudiosos, como un mundo de abstracciones. El ordenamiento jurídico es una realidad espiritual operante —y las realidades espirituales no son abstracciones—, la cual, aunque sea distinta del cuerpo social, tiene su vida concreta en él, esto es, en las convenciones sociales, que son la materia plasmada, forjada, organizada de aquel ordenamiento[22]; materia que sin él no existiría como *organismo jurídico,* de la misma manera que no existen cuerpos sin energía. Pero así como esta no puede confundirse con los cuerpos, así también el ordenamiento jurídico no puede confundirse con el

22 Concorde en esto también Romano, *Frammenti,* cit., pp. 207-208.

ente social, aun siendo un elemento o un aspecto de la misma realidad espiritual.

Esta sumaria exposición de mis ideas en torno a la naturaleza del ordenamiento jurídico espero que hará más fácilmente comprensible la posición que trato de asignar al estudio científico del Derecho, de un lado, y al arte del Derecho y a su dogmática —esto es, a la dogmática—, de otro.

La ciencia del Derecho[23], que en antítesis a la filosofía —conocimiento de lo universal— es siempre conocimiento de lo particular, constituye una disciplina que estudia la fenomenología del Derecho, o sea, las varias manifestaciones del sentimiento y del pensamiento jurídico, y que la estudia históricamente —porque toda realidad fenoménica es al propio tiempo historia—, sin algún fin práctico directo, mirando solamente al conocimiento de la verdad[24].

Esta ciencia, por tanto, asume como objeto propio el fenómeno jurídico en su compleja realidad, cual algo existente, y del cual quiere descubrir la naturaleza, los aspectos, los desarrollos, a la vez que las relaciones con los otros fenómenos sociales y su posición en la vida concreta de la humanidad. Los fenómenos jurídicos, por otra parte, no se presentan aislados, sino unidos entre sí en sistemas que conviene analizar críticamente, descomponiéndolos en sus elementos y en sus estratificaciones, según los métodos de la investigación científica[25]; elementos y estratificaciones que revelan claramente cómo todo sistema jurídico, con independencia de su validez actual, constituye

---

23 La calificación de «ciencia» es atribuida por mí a la ciencia del Derecho sobre la base de los mismos argumentos por los que el término es usado para designar las ciencias históricas. La ciencia del Derecho es esencialmente historia, como veremos. Y no quiero entrar aquí en las interminables y, tal vez, vanas cuestiones en torno a la clasificación de las ciencias.

24 Que la ciencia del Derecho sea histórica, lo ha sostenido decididamente también Calogero, *Saggi di etica e di teoria del diritto,* Bari, 1947, p. 167 ss., p. 182 ss.

25 Por esto, en la ciencia jurídica ha sido puesto de relieve un aspecto que la aproxima a las ciencias naturales: véase Pugliatti, *Rivista italiana per le scienze giuridiche,* n. s., II (1948), p. 89, n. 17, el cual se remite a Windelband, *Preludi,* trad. italiana Arrighi, 1947, p. 165, y a Cassirer, *Saggi sul'uomo,* trad. ital. Pavolini, 1948, p. 257.

una formación histórica para cuya comprensión, en sus partes o en su totalidad, es menester establecer los orígenes, el devenir, las fases constructivas y el espíritu.

Para mejor fijar el carácter y el fin de la indagación, se tiene siempre presente que el Derecho, como ya dije, es solamente la expresión del *querer ser* de un cuerpo social en un determinado modo; que este *querer ser* se concreta en un ordenamiento concebido según una *opinio necessitatis,* madurada y elaborada a través de una experiencia; que este ordenamiento está en relación muy estrecha con los otros elementos del cuerpo social, con el sistema de fines que este se propone, con el ambiente sobre el que debe operar para el logro de aquellos fines; que, como escribí en otra ocasión[26], el Derecho, forma de una experiencia concreta, es solamente un aspecto particular de la vida de un cuerpo social, o sea, de su historia y de su civilización, una realidad que para ser comprendida debe ser estudiada en su existencialidad, en su empirismo, en su historicidad y en relación con los otros elementos que constituyen la forma y el contenido de una civilización, en una determinada fase de desarrollo de una organización política[27].

De estas premisas descienden algunos corolarios metodológicos.

Ante todo, se debe afirmar que no existe posibilidad de *comprender* en su íntima esencia un ordenamiento jurídico —y es decir, el *querer,* el orden querido por el grupo— si no es conociendo *al que quiere,* o sea, al grupo, al cuerpo que se somete a aquel orden. No es posible, por ejemplo, aprehender en su

---

26 Véase el escrito *Idee per un rinnovamento della scienza del diritto,* en *Atti della XXVIII Riunione della Societa italiana per il progresso delle scienze,* Pisa, 11-15 octubre 1939.

27 Me agrada recordar cómo, mientras yo expresaba estas convicciones, Carnelutti, en su *Metodologia del diritto,* Padua, 1939, moviéndose desde otros puntos de vista, afirmaba que el Derecho no puede ser comprendido sino por una ciencia que abrace el ordenamiento jurídico en su totalidad, en sus raíces, en sus razones; en sus partes y en su todo ; en su realidad y en su verdad.

íntegra plenitud el Derecho romano si no se lleva a cabo una síntesis que ponga en relación la obra con su creador[28].

En segundo lugar, se reconoce que la exacta posición del que quiere, así como la del ordenamiento jurídico por él querido, no pueden establecerse sino recordando que el ordenamiento jurídico, tal como hice observar al principio, es solamente *una* de las formas en que se expresa la voluntad de orden. Por tanto, la indagación debe enderezarse a averiguar cuáles sean las otras formas y cuáles las relaciones entre ellas, o bien los hilos que ligan el Derecho a las otras fuerzas concretas que operan en cada comunidad organizada; a conocer el conjunto de las condiciones y el tejido de las energías que predeterminan las posibilidades de aquella voluntad de orden, que a ella se adaptan o se resisten, que por ella son disciplinadas o modificadas; a reconstruir aquella vasta y compleja totalidad histórica de la que el ordenamiento jurídico es el aspecto que urge conocer, definir, valorar.

En suma, no se debe olvidar que toda civilización es una combinación de elementos y que sus varias manifestaciones están, más o menos, íntimamente entrelazadas, de manera que no es posible comprender una de ellas sin un conocimiento del todo; y que el Derecho, no menos que la literatura, el arte, la filosofía, es un acto de creación del espíritu humano —acto cuya naturaleza cumple definir a la filosofía—, cuya esencia es eterna, pero cuya energía, en sus operaciones sobre lo real, es finita, ya que su elaboración productiva, si tiene raíz en la libertad, está subordinada, sin embargo, a condiciones interiores y exteriores y unida a una particular situación histórica. Por consiguiente, solo con el análisis de esta es posible descubrir los motivos por

28 Por la misma razón, es siempre difícil o incierta la crítica y la comprensión de una obra de arte, cuando no se conozca la personalidad del artista que la ejecutó, y cuando se esté constreñido a individualizarla solo aproximadamente mediante inducciones y confrontaciones. No niego que se pueda hacer la crítica de una obra de arte, por ejemplo, la Ilíada, incluso ignorando el autor o los autores. Pero en su proceso lógico, el estudioso, antes de despersonalizar el acto expresivo, tiende siempre a reconstruir con su indagación la personalidad del posible autor; y ello porque el conocimiento de este, documentado o conjetural, es inseparable de la valoración del producto de su ingenio.

los que la actividad normativa se ha propuesto ciertos fines y no otros, los principios han seguido una determinada dirección y no otra, las relaciones y los institutos han asumido una cierta forma y no otra. Indagaciones necesarias, sobre todo, cuando se quiere aprehender el sentido y el valor de lo que es el residuo irreductible de todo ordenamiento jurídico, o sea, su espíritu, que surge del encuentro de una serie de líneas de fuerza que recorren el ordenamiento mismo en los diversos estadios de la experiencia, esto es, en las diversas fases de desarrollo civil del grupo en aquel mundo jurídicamente ordenado.

Solamente bajo estas condiciones se puede hablar de una ciencia del Derecho, es decir, de un conocimiento científico de la fenomenología jurídica. Se trata de una disciplina que no se limita a disponer en un cierto orden o en una cierta sucesión un conjunto de normas o de reglas que son solamente los signos exteriores y los indicios parciales de los fenómenos jurídicos, si bien instrumentos indispensables para acercarnos a su conocimiento; y tampoco le basta con sistematizar las relaciones jurídicas correlativas a aquellas normas en unidades lógicas que se expresan, históricamente, en institutos determinados por unidad de fin; ni puede contentarse con una exposición de las doctrinas surgidas en torno a aquellos institutos para el fin práctico de conseguir la más larga y eficiente actuación de las normas que los rigen. Estos, que son los procedimientos tradicionales de la historia del Derecho, no representan más que una primera fase de la indagación. El momento esencial es la interpretación de las varias manifestaciones fenoménicas y la investigación en torno a los procesos espirituales que constituyen su origen y fundamento; es la comprensión de los varios modos en que la actividad jurídica del espíritu finito se expresa y se realiza en el juego de las particularidades y de las oposiciones; es la determinación de la relación entre las diversas soluciones y los momentos que son ocasión y condición de tales manifestaciones; es el análisis de las actitudes que asume la voluntad de orden en las varias coyunturas y que se concretan en la regulación de relaciones y en la creación de institutos; es la explicación del procedimiento de formación de las doctrinas y de los dogmas, la valoración de su alcance originario y del adquirido o perdido en el tiempo; es la descomposición del sistema normativo y doctrinal en sus elementos y en sus estratificaciones; es, en conclusión, el adentramiento en una de las creaciones de esta humanidad, que por el Derecho trabaja, sufre, combate, revelando en sus múltiples formas la potencia y la riqueza del espíritu humano.

En consecuencia, sea por el objeto de sus indagaciones, sea por sus fines, sea por sus métodos, esta ciencia del Derecho que yo he delineado es, esencialmente, ciencia histórica.

Por el objeto de sus indagaciones, ya que estas se enderezan a una realidad empírica, que es siempre un particular y es siempre un sucedido. Un particular, en el sentido de que la realidad aparece en todo momento localizada y constreñida por límites y oposiciones externas, y, a la vez, ligada, como todas las obras humanas, a las facultades y capacidades creadoras del espíritu finito; un sucedido, en el sentido de que todo ordenamiento jurídico, incluso el actual, a la hora en que sea objeto de la indagación su fenomenología, constituye siempre un conjunto de creaciones de una actividad normativa, un complejo de quereres, es decir, un pasado; y la forma espiritual por la que una civilización se da cuenta del pasado es la historia (Huizinga).

Por el fin, en cuanto que conocer la forma, el contenido y el espíritu de un ordenamiento jurídico, significa remontarse a los instintos, a las creencias, a los intereses que lo han generado; descubrir las líneas originarias de los institutos en que aquéllos se han concretado; analizar el progresivo completarse y complicarse del sistema y las razones de estas transformaciones; valorar las acciones y reacciones entre el Derecho y las fuerzas sociales; reconstruir los desenvolvimientos ocasionados por la mudanza de las situaciones y el vario modo de manifestarse los institutos bajo el influjo de nuevas necesidades o de nuevas concepciones; en suma, revivir, siguiéndola en el tiempo y en el espacio, en su devenir y en sus acomodamientos, la experiencia jurídica de una comunidad organizada.

Por el método, no solo en cuanto que, para la reconstrucción de los diversos elementos de un sistema jurídico, la ciencia debe proceder a la recopilación, a la crítica, a la interpretación de las fuentes (directas e indirectas) y de los rudimentos de los que se pueden recabar indicaciones útiles para el conocimiento de aquéllos, sino también habida cuenta de que, consciente que es la experiencia jurídica de que forma parte de una más vasta experiencia humana, tiende a encuadrar el conocimiento del ordenamiento jurídico dentro del marco de la historia de la civilización, guardando consideración de todas las energías espirituales que la integran y la crean y que, directa o indirectamente, se expresan también a través del ordenamiento jurídico.

Se objetará a esta concepción mía de la ciencia del Derecho que, dado un programa de tanta extensión y que requiere una preparación tan larga y un dominio tan seguro de varias disciplinas, serán pocos los estudiosos dotados de fuerzas suficientes para la empresa. No desconozco el valor de tal objeción, aun observando que se funda exclusivamente en consideraciones prácticas. Y estas no pueden impedirme el creer firmemente que las ciencias del espíritu deben decidirse a abandonar el sistema de los compartimientos estancos que la paraliza, y que deben imitar el ejemplo de las ciencias experimentales, cuyos progresos son debidos al derribo de las barreras entre la matemática, la física, la química, la astronomía, la biología, y a la introducción de una activa y fecunda colaboración allí donde las energías de lo particular no pueden ser bastantes. Lo que se verifica en este campo debe actuarse también en el nuestro, donde economía y Derecho, filologia e historia, ciencia de las religiones e historia de la filosofía, estudio de la cultura y del arte no son más que otros tantos aspectos del estudio del hombre y de sus varias y conexas actividades espirituales. Pero si la meta común es el conocimiento del espíritu y de las condiciones humanas, es menester que cada uno tenga el valor de extender la propia mirada más allá de las barreras en que una perezosa tradición quisiera confinarlo, que sepa aprovechar la experiencia de los otros, que quiera convenir con estos, para cada sistema de Derecho, un plano de indagaciones coordinadas. Es evidente que tal programa no podrá actuarse más que gradualmente, y que deberá pasar a través de una serie de tentativas; pero después la búsqueda misma sugerirá los métodos más oportunos y adecuados, y llevará al progresivo perfeccionamiento de los procedimientos de una actividad combinada, de la que podrán beneficiarse, junto con la ciencia del Derecho, las otras ciencias del espíritu. Por lo demás, si la pasión por mi tesis no me ofusca, me parece descubrir, tanto en la historia del Derecho romano, cuanto en la del Derecho italiano, las primeras señales de una orientación en el sentido que he presagiado; y yo auguro que los estudiosos italianos, y particularmente los más jóvenes, se harán defensores de este movimiento renovador de la ciencia.

Definida así la ciencia del Derecho como conocimiento histórico de la fenomenología jurídica — conocimiento que tiende a comprender no solo la forma y el contenido, sino la lógica interna, la esencia, el espíritu de un ordenamiento considerado como expresión parcial de una de aquellas realizaciones de la actividad espiritual que son las civilizaciones —, se plantea la cuestión de sus relaciones con la dogmática. Cuestión que a mí me parece de solución más simple de lo que se cree, con tal que se tenga una idea clara y exacta de la naturaleza de la dogmática, naturaleza determinada por su origen y por su función.

En toda organización social, a la que corresponde un sistema normativo cuyos principios se imponen a los miembros del grupo y deben ser aplicados por sus órganos, surge el problema de los modos de actuación del ordenamiento jurídico, esto es, de los modos según los cuales la conducta de los particulares debe mostrarse conforme con aquellos principios para lograr los fines prácticos queridos; de los modos de conciliación y de resolución de los conflictos; de los modos de represión de las violaciones. Problema ya complejo cuando se trate de aplicar a un caso particular una norma general expresamente formulada, pero también más delicado cuando la regla no sea explícita y abstractamente formulada, y quede, por el contrario, implícita en el ordenamiento mismo hasta el día en que venga revelada por quienes a esta revelación son llamados, es decir, por jueces y juristas, los cuales continúan y perfeccionan así la obra del legislador, inspirándose en análogas valoraciones jurídicas, éticas, económicas[29].

Por la necesidad de su actuación, surge así, junto al ordenamiento, y a él se adapta y se acopla, el *arte* de realizarlo, aquel que Celso, en el texto de Ulpiano con el que se abren las Pandectas, define como *ars boni et aequi,* esto es, como el arte de descubrir, de explicar la norma que se acomoda al caso, y de indicar las vías para actuarla, partiendo del presupuesto de que el ordenamiento jurídico es por su fin un sistema vigente *ex auctoritate* y que por fuerza de su autoridad taxativa debe ser realizado según sus principios y en manera conforme con su espíritu.

Este arte sutil y difícil, de formación lenta y gradual, ejercitada en cada cuerpo social por expertos a los que es reconocida una especial vocación y pericia, nace como una técnica para la resolución de casos particulares; después, de la suma de las soluciones particulares correspondientes a ciertas figuras, se comienzan a recabar reglas generales, y sucesivamente conceptos y definiciones; y de tal modo, mediante una obra de sintaxis, se crea la doctrina, lo que los romanos llaman *iurisprudentia,* y que es doctrina esencialmente instrumental dirigida a fines prácticos[30].

Que también la rica dogmática moderna no sea otra cosa que una disciplina constituida por un conjunto de principios enderezados a actuar un sistema normativo, de los que trata de hacer fácil, correcta y plena la realización mediante su elaboración y sus construcciones lógicas, o lo que es lo mismo, que tal dogmática, por su punto de partida y por su naturaleza, tenga el carácter de disciplina instrumental, es algo que evidencian sus métodos y su espíritu.

El carácter técnico se hace patente, ante todo, por lo que es el objeto precipuo de su especulación, o sea, por las normas contenidas en las fuentes formales. Primera preocupación

---

29 Cfr. ahora Croce, *Logica,* p. 108; p. 70; p. 150.

30 Este proceso de formación puede ser útilmente iluminado por un examen de la más antigua jurisprudencia romana, proceso cuya explicación aquí al lector equivaldría a salirse del tema.

del dogmático es la exégesis de estos textos, a la que sigue la indicación dirigida a descubrir los principios generales sobre los que se funda la norma, para recabar después de los principios la serie de las consecuencias. El procedimiento, en su desarrollo, es prevalentemente dialéctico, aunque no puramente dialéctico, por lo que diré a seguido. Se quiere arrancar de las normas, frecuentemente con procedimientos inductivos, el principio general o la definición que pueda servir de «mayor» para un silogismo; y de aquél, con una serie de deducciones, que han hecho parangonar la jurisprudencia a la geometría, se traen las soluciones para los casos particulares, unas soluciones constituidas por nuevas fórmulas imperativas, que reproducen, o tratan de reproducir, cuando menos, las que hubiera dado el legislador en las mismas circunstancias.

Por otra parte, la índole práctica de la dogmática resulta también de la voluntad que guía sus procedimientos. En efecto, las operaciones mediante las cuales se deducen de las normas las reglas, principios generales y preceptos particulares, son, solo en parte, simples procedimientos de lógica formal. Mediante tales procedimientos no podrían recabarse de un concepto más que aquellas mismas normas que han servido para la construcción: la lógica formal puede analizar lo que es ofrecido, y reducirlo a sus elementos constitutivos, pero no puede introducir en el concepto un contenido nuevo ni atribuirle una diversa comprensión[31]. Por el contrario, si bien se mira, cuando el dogmático, ante una hipótesis concreta, trata de establecer cuál sea el pensamiento contenido en una norma, o cuando debe escoger entre los modos de interpretación para encontrar el principio encerrado en la ley, o cuando, frente a figuras que no son precisamente las previstas por la ley, labora sobre los conceptos, introduciendo un contenido que, aun sin implicar contrastes, sobrepuja el de la máxima legislativa, y también cuando coordina los conceptos en sistema para fijar

31 En torno a los procedimientos de la interpretación jurídica, y a la interpretación en general, véase hoy la vasta indagación de Betti (*Rivista ital. per le scienze giuridiche,* n. s., II [1948], p. 34 ss.), uno de los juristas italianos que mejor ha profundizado e iluminado tales procedimientos.

la cohesión interna del ordenamiento jurídico y para favorecer la expansión externa, aparece siempre guiado, aunque de ello no tenga clara conciencia, por una voluntad, determinada y precisa, de alcanzar resultados que, incluso no violando la regla legislativa, respondan a la valoración de los fines atribuidos al ordenamiento jurídico por las concepciones generales —políticas, sociales, éticas, religiosas, económicas— dominantes en aquel ambiente histórico.

Esto equivale a decir que la interpretación y la aplicación de los principios por ella establecidos resulta siempre dirigida, aunque no sea en la medida que sostienen los partidarios del llamado «Derecho libre», por la intención de conseguir ciertas consecuencias jurídicas. Conclusión sufragada por las investigaciones filosóficas, las cuales han revelado el influjo de la voluntad sobre las operaciones de la lógica y la acción del sentimiento sobre la formación de los conceptos, en cuanto no existe alguna muralla que divida el intelecto de las otras actividades psíquicas. Y, en el fondo, es una vulgaridad afirmar que la interpretación y la aplicación del Derecho, la determinación de los principios, la misma construcción del sistema, son todas operaciones que se efectúan sobre la base de juicios de valor, dependientes de una determinada situación histórica, de una especial concepción de la realidad social, de una particular momento político, y que se verifican para la consecución de determinados resultados.

En fin, que la dogmática sea una disciplina instrumental enderezada a actuar un sistema normativo. resulta demostrado también por el carácter y por el fin de sus conclusiones. En efecto, mientras los principios de la ciencia tienen solo valor de conocimiento, los establecidos por la dogmática tienen, o quieren tener, su propia *vis ac potestas.* Cuando de las normas saca la dogmática reglas, principios, tipos generales, labora con el propósito de otorgar determinados efectos a la circunstancia o al acto que caen bajo aquellos principios o aquellas reglas o que vuelven a entrar bajo aquellos tipos. Y, justamente, con la ayuda de aquellas reglas, de aquellos principios, de aquellos tipos, tiende a perfeccionar la organización y a regular los conflictos, a asegurar, en suma, la realización del Derecho, es decir, del orden y de la justicia[32].

Sin duda, el carácter técnico e instrumental de esta disciplina se ha ofuscado algo desde que la dogmática, como toda disciplina que aspire al título de «ciencia», ha querido otorgar al conjunto de sus conceptos el carácter de conocimiento sistemático, forma del conocer que agrupa sus objetos, según sus afinidades, en un todo del que los singulares objetos pueden considerarse como miembros o como partes. Llega a esta construcción partiendo de los principios y de las definiciones extraídas de las normas, procediendo a su clasificación y, sucesivamente, a la subsunción lógica de aquel definir y clasificar bajo conceptos más amplios y elevados convertidos en eje del sistema. Este se construye, por tanto, remontándose de lo particular a lo general, y se perfecciona descendiendo de lo general a lo particular con una serie de procedimientos inductivos y deductivos mediante los cuales vienen ordenados, coordinados y subordinados los hechos, las relaciones, los principios.

Seguidamente a este proceso, la dogmática se presenta como una disciplina ordenadora de principios y constructora de un sistema de conceptos; y desde este punto de vista, puede también aparecer bajo la vestidura de «ciencia». Ni yo vendré a discutir si esta pretensión es justificada, ya que incluso se trata de una cuestión que se resuelve de modo diverso, a tenor del significado que se otorga al término «ciencia»[33]. Pero si bien se mira, y como confirma el análisis de la interpretación jurídica llevada a cabo por Betti, la dogmática, no obstante aquella su labor ordenadora y constructora, resulta siempre una doctrina instrumental. Ciertamente, la interpretación jurídica[34] contiene, como toda interpretación, un momento cognoscitivo[35], esto

---

32 Es la que Betti llama «función normativa» de la interpretación.

33 Sobre la cuestión, véase últimamente Koschaker, *Europa und das römische Recht,* 1947, pp. 337-338; Pugliatti, *Rivista ital. per le scieze giuridiche,* n. s., II (1948), página 184, n. 3.

34 Betti, *Rivista ital. per le scienze giuridiche,* n. s., II (1948), p. 58 ss.

35 La distinción entre la función cognoscitiva y la práctica se da también en Pugliatti, 1. c., p. 182 ss.

es, reconocedor del pensamiento — operación típica de la interpretación histórica—, pero tiene, además, una función normativa: la función de deducir, en definitiva, máximas de decisión y de acción práctica, aunque no inmediata, que han de ser observadas y aplicadas; la función de desarrollar criterios directivos, a los cuales el tomar posición y el obrar en el mundo social deben conformarse según el orden jurídico que en este tiene vigor. Y, cabalmente, para cumplir su función práctica, tiende a reducir a una serie de conceptos y de proposiciones generales un conjunto de contenidos históricos particulares, y mira a coordinar aquéllos no obstante el diverso origen y el diverso desarrollo de estos, y se esfuerza por deducir de aquellos conceptos y de aquellas proposiciones generales un sistema lógico de reglas particulares, a fin de facilitar la solución de los varios casos ofrecidos por la vida cotidiana. La construcción y la sistematización lógica son, en verdad, necesarias, porque una fácil comprensión del sistema es condición indispensable para su plena realización; y son también preciosas, en cuanto el ajuste de los conceptos y de los principios en un todo unitario añade intensidad a la acción del ordenamiento jurídico. Pero no obstante esta elaboración y esta construcción que influyen sobre el aspecto exterior de la doctrina, su íntima naturaleza y la finalidad inspiradora no son otras que las originarias.

De un lado, por tanto, está la ciencia, cuyo objetivo es el de comprender — independientemente de toda consideración práctica y de todo fin normativo— la fenomenología del Derecho en relación con la variedad de los fenómenos que se desenvuelven dentro de un cuerpo social; de otro lado, se coloca el arte con su dogmática, teniendo como función esencial la de actuar, desenvolviéndolo y perfeccionándolo, un determinado ordenamiento jurídico.

Esta nítida distinción permite entender cuáles sean las relaciones entre conocimiento científico—que es esencialmente conocimiento histórico — y dogmática. Se trata de dos posiciones distintas y diversas; pero yo no comparto en absoluto la opinión de los que, considerando sobre todo la condición de los estudios romanísticos, sostienen que se ha creado entre la primera y la segunda un abismo infranqueable desde que la ciencia histórica del Derecho romano, por la extensión del campo de sus investigaciones, por el crecido volumen de los materiales, por el refinamiento de los métodos de la crítica, por la colaboración con otras disciplinas filológicas, por el esfuerzo de poner los fenómenos jurídicos en relación con los económicos, sociales y espirituales, se ha transformado en una rama de la historia de la civilización.

Me parece, ante todo, que el del Derecho romano constituye un caso enteramente especial, y que respecto de él el error fundamental estriba en querer mantener en vida, junto a la historia, una dogmática, que no puede ser ya tal, es decir, doctrina instrumental, desde que el Derecho romano, aun cuando generador de todos los derechos románicos, ha dejado de ser un Derecho vigente. Por esto, mientras no niego que pueda ser útil y educativo reconstruir y analizar los procedimientos de la doctrina romana, afirmo que esta reconstrucción y análisis es siempre histórica y no puede dejar de ser histórica. De manera que, respecto del Derecho romano, el pretendido contraste no existe: los estudios exegéticos o monográficos encaminados a conocer la dogmática romana son solamente capítulos de la historia del Derecho romano.

Queda, sin embargo, el problema general de las relaciones entre la ciencia histórica y la dogmática del Derecho vigente. Pero si la primera conduce a la comprensión de la peculiaridad, de la esencia, de la vida del fenómeno jurídico, no veo cómo la dogmática que opera con el Derecho y sobre el mundo del Derecho pueda florecer y desarrollarse sin disfrutar los resultados de la investigación científica.

Absurdo sería pretender que, a fin de acercarse, la ciencia del Derecho, de una parte, y el arte del Derecho, de la otra, deban mudar — lo que por alguien ha sido propuesto — su naturaleza y sus métodos. De la misma manera que la ciencia histórica tiene su lógica interna, determinada por su fin, que es el conocimiento puro de la compleja realidad jurídica, así también la dogmática tiene su propia estructura y un alma particular acorde con su fin práctico de dar actuación a un ordenamiento jurídico.

A pesar de todo, la dogmática puede beneficiarse largamente, sea de los procedimientos, sea de las contribuciones del conocimiento científico; antes bien, creo que no se insistirá nunca lo bastante al pedir que el dogmático esté preparado con miras a sus tareas por una sólida educación histórica, indispensable para que pueda cumplir su función realizadora y productiva, que constituye la esencia de su actividad.

Para justificar, aunque sea rápidamente, esta afirmación mía, bastará dirigir la atención a lo que constituye la primera operación, el punto de partida, de cualquier construcción dogmática, esto es, a la interpretación de las normas. Si es verdad que el jurista no puede detenerse en la interpretación puramente cognoscitiva de la norma, sino que debe tratar de concertar la idea originaria de la fórmula legislativa con la presente actualidad, infundiéndole la vida de esta, porque justamente a esta debe referirse la valoración normativa[36], verdad es también que el primer momento de la interpretación consiste en descubrir en su autonomía, en reconstruir en su totalidad, en integrar en su originaria coherencia el sentido — en sí acabado — de la forma representativa, el pensamiento que en ella se expresa, esto es, el sentido originario de la norma[37]. Ahora bien, el comprobar la autenticidad de un texto legislativo y de cada una de sus expresiones, el descubrir cuál es su significado y cuál el pensamiento en él contenido, valiéndose de los varios procedimientos de la interpretación cognoscitiva, son evidentemente operaciones que no pueden realizarse sino con método histórico, con los mismos procesos e instrumentos con que se interpreta cualquier documento. Incluso cuando se adopte, en el momento de la interpretación lógica, el criterio sistemático, es obvio que al penetrar en el espíritu del sistema no se puede olvidar que es el resultado de un largo proceso histórico y que su estructura, la articulación de las diversas

36 Así Betti, *Rivista* cit., n. s., II (1948), p. 58, contra Gorla, *Interpretazione del diritto*, 1941, que quisiera reducir a interpretación histórica la actividad del jurista cual revivir o desplegar en sí, en el sentido crociano, el acto normativo; véase Betti, 1. c., p. 57.

37 Así siempre Betti, 1. c., p. 58; y véase ahora Ascarelli, *Saggi giuridici*, Milán, 1949, p. 64.

partes, los nexos entre los diversos principios, no pueden ser descubiertos y fijados sino a través del conocimiento de aquel proceso. Y lo mismo debe decirse de la interpretación analógica, porque la determinación de la identidad de la *ratio legis,* mediante la investigación de los casos semejantes, importa un análisis, no ya de la forma exterior, sino de la lógica interna de los institutos, y esta solamente puede ser revelada por la historia de su formación.

Esta necesidad de recurrir al método histórico para la interpretación, aparece aun más evidente en las legislaciones que establecen que, cuando tampoco la analogía pueda conducir a resultados útiles, se deba atender «a los principios generales del Derecho» — como se leía en el Código civil italiano de 1865 — o «a los principios generales del ordenamiento jurídico del Estado»—como está escrito en el Código civil actual—. Es evidente que la reconstrucción de los principios generales de un ordenamiento no puede realizarse con procedimientos puramente lógicos, ya que presupone un análisis histórico, que no es menos histórico por el hecho de ser aplicado a un ordenamiento jurídico vigente antes que a un ordenamiento del pasado. En efecto, todo ordenamiento jurídico es el fruto de una secular experiencia, una creación del tiempo que no puede ser plenamente comprendida si no es estudiada en su formación, relacionada con el conjunto de los factores económicos, políticos, sociales, que influyen sobre el nacimiento y sobre el devenir de todas las producciones del espíritu humano.

En suma, el intérprete que busca cuál haya sido la voluntad del legislador, o como prefieren decir los modernos, de la ley[38], no puede nunca olvidar que aquélla está unida a una serie de elementos y enlazada con determinadas situaciones históricas, y que, por tanto, no puede ser reconstruida sino poniéndola en relación con los diversos condicionamientos.

Y esto que es verdad para el primer momento de la interpretación, el cognoscitivo, no lo es menos para el segundo,

38 Esta sustitución corresponde a la tendencia moderna que prefiere lo abstracto a lo concreto. Véase sobre este punto Romano, *Frammenti di un dizionario giuridico,* cit, p. 133, p. 140.

o sea, para aquel que responde a su función normativa[39]; ya que para mantener con vida y eficacia a la ley dentro de una determinada sociedad, para poner de acuerdo el pensamiento contenido en la norma con la presente actualidad, infundiéndole la vida de esta, es también necesario en todo momento el conocimiento de esta actualidad, de esta sociedad, a la que la ley debe aplicarse, y tal conocimiento exige, justamente, una indagación histórica.

Pero la educación histórica, a más de ser necesaria en orden a la interpretación de las normas, a la comprensión de los institutos, a la reconstrucción del sistema, a la penetración de la voluntad del legislador, al ejercicio de la función normativa, lo es también con referencia a la dogmática, para su autocrítica y para evitar que, atribuyendo a sus conceptos el valor de categorías lógicas inmutables y a sus principios el de verdades objetivas permanentes, pueda caer en un rígido y estéril dogmatismo[40]. Para huir de esta rigidez, esto es, para valorar el origen y el alcance de los principios, para juzgar los límites de su aplicabilidad y sus posibilidades de desarrollo, para decidir sobre la oportunidad de continuar valiéndose de los mismos, o bien sobre la necesidad de proceder a nuevas construcciones, para la crítica de conceptos que son representaciones lógicas o seudológicas de conveniencias históricas, es indispensable que el dogmático sepa establecer cómo y en relación con cuáles ordenamientos jurídicos han surgido, cómo y mediante cuáles procedimientos y sobre la base de qué juicios de valor se han formado, si verdaderamente son todavía conformes con la realidad jurídica o si, por el contrario, se han convertido en fórmulas vacías y convencionales, y así se diga lo demás; indagaciones todas que solamente pueden ser realizadas con método histórico y por juristas educados históricamente.

Por tanto, estas consideraciones revelan, una vez más, la necesidad de que el dogmático, para el ejercicio de su técnica, se haya provisto largamente de conocimientos en torno a

---

39 Betti, 1. c., p. 64.

40 Sobre este peligro he llamado la atención otras veces; véase *Rivista internazionale di filosofia del diritto,* 1923, p. 379 ss.

los sistemas de Derecho de los que deriva el ordenamiento jurídico que él viene llamado a actuar y a desarrollar, esto es, en el mundo de los Derechos románicos, el Derecho romano, el Derecho justinianeo y el Derecho intermedio, que en varia proporción han dejado sus estratificaciones en nuestro Derecho y en nuestro pensamiento jurídico[41]. Mientras el historiador del Derecho puede y debe considerarse desvinculado de cualquier limitación en su investigación[42], porque está libre de toda preocupación práctica, es natural que el dogmático, empeñado en su actividad productiva, dirija su atención a aquella experiencia histórica que le es más próxima y que, antes bien, está en él latente y viva, no solo como complejo de ideas, sino como forma mental y como orientación moral. Y entonces la historia se presenta como la vía más corta para un fecundo ahondamiento del conocimiento jurídico, para un examen clarificador de los procedimientos cognoscitivos, para el perfeccionamiento de los criterios y de las reglas técnicas de aquel arte que los juristas están llamados a ejecutar en la sociedad. De otra parte, no se debe olvidar tampoco que el conocimiento histórico no puede quedar indiferente frente a la actividad de la dogmática. No solo porque trae una gran parte de sus materiales de la doctrina del pasado, sino también porque de la dogmática viva, que es experiencia en acto, puede sacar innumerables datos en torno a la dinámica del Derecho, tal como se manifiesta en su aplicación y realización. Cabalmente, la dogmática es una especie de campo experimental, en el que se puede asistir al nacimiento, desarrollo y decadencia de los institutos, al florecimiento y caída de las doctrinas, al juego de acciones y reacciones de los diversos factores y elementos de un ordenamiento social; en suma, un campo donde se puede considerar la historia en su hacerse por virtud de la energía creadora del espíritu. Y si el ojo del historiador es agudo, puede traer de esta contemplación

---

41 Sobre el desarrollo del pensamiento jurídico desde los romanos hasta la época moderna, véase hoy el ya citado volumen de Koschaker, *Europa und das römische Recht*.

42 El conocimiento científico del Derecho será tanto más fecundo en resultados cuanto más amplíe sus campos de indagación.

del mundo que lo circunda iluminaciones y revelaciones para el conocimiento del pasado.

No existe, por consiguiente, alguna escisión entre la ciencia y el arte, como no existe escisión entre las ciencias biológicas y la clínica, entre las ciencias físicas y químicas, de un lado, y las técnicas industriales, de otro. Las segundas reciben continuo incremento de las primeras, y las primeras sacan con frecuencia datos preciosos de la experiencia de las segundas. Así la dogmática, alcanzando a la historia, podrá afinar los propios instrumentos y hacer más eficaz la propia función normativa, mientras la contemplación de la dogmática en acto podrá abrir nuevos horizontes a la historia.

Pero la trabazón no debe llevar a confusión o contaminación: ciencia y técnica tienen una esfera propia de operación y deben mantener su autonomía, porque corresponden a dos posiciones mentales diversas, tienen fines diversos, aplican métodos diversos.

Esta concepción de los estudios jurídicos, en los que una parte tan preeminente es otorgada a la historia, y, sobre todo, mi repetida afirmación de la historicidad de los conceptos dogmáticos creados para fines técnicos relativos a un ordenamiento jurídico determinado, hacen nacer otro problema que se plantea tanto al dogmático como al historiador.

En efecto, todo dogmático que someta a una valoración crítica sus construcciones, será inducido a preguntarse[43] si sus conceptos tienen solo un valor de utilidad o también un valor de verdad; si expresan sola y simplemente una realidad histórica o algo más; si representan únicamente una reducción a fórmulas de conveniencias históricas o si en estas fórmulas se contienen certidumbres, principios superiores al hecho histórico, en cuanto dictados por una experiencia «que es superior al hecho histórico, que sostiene el hecho histórico en sus significados humanos y lo juzga, en cuyo caso conocer significa conocer justamente aquel principio que hace jurídica la experiencia por debajo de sus

43 Son preguntas que formula Capograssi, en *Rivista internazionale di filosofia del diritto*, serie II, XX (1940), página 33.

quebraduras y, en suma, conocer, afirmar, tener firme el valor, el significado, la humanidad de la experiencia jurídica».

Análoga pregunta se formulará el historiador cuando no sea — como no soy yo — un partidario de aquel historicismo[44] que quisiera reducir toda la realidad a un continuo devenir del que todos los momentos y todos los productos poseerían el mismo valor relativo, es decir, y si bien se mira, ningún valor. Aun reconociendo, en efecto, que el espíritu humano es una realidad que vive en la historia, que se nutre de historia y que, si se quiere, sufre la historia, yo afirmo al propio tiempo que posee una esencia eterna, de la que cada uno de nosotros siente, en lo íntimo de la conciencia, el fatigoso y siempre imperfecto realizarse en el tiempo, y por virtud de la cual podemos no solo comprender la historia en el acto en que la vivimos, sino también criticarla y juzgarla mediante una elaboración interior nuestra.

Quien comparta esta convicción debe también presuponer que en toda manifestación concreta de la actividad espiritual coexisten en profunda intimidad, si bien distintos y distinguibles, momentos particulares y contingentes y elementos generales y constantes. Condiciones interiores y exteriores vienen continuamente a limitar y a obstaculizar la libertad creadora del espíritu, dando lugar a una variedad de manifestaciones de la subjetividad espiritual en su realización concreta; sin embargo, más allá de esta variedad, individualidad y singularidad, a través de signos comunes y permanentes, debemos esperar que se vea aparecer o al menos transparentar la unidad del espíritu humano.

---

44 Sobre el historicismo véase, entre otros, Meinecke, *Die Entstehung des Historismus,* 2 vols., Berlin, 1936 ; pero confróntese también la introducción a *Erlebtes,* 1862-1901, Leipzig, 1942. Para un examen de la actitud relativista del historicismo, véase E. May, *Am Abgrund des Relativismus,* Berlin, 1941, p. 128 ss.; véanse aquí las observaciones en torno a la necesidad, para la superación del *caos* relativista, de una norma *supraempírica* (p. 150 ss.) que no es inmediatamente obtenida por la experiencia mediante una indagación generalizadora (p. 159 ss.); véase también la discusión acerca de la exigencia de un *a priori* para la superación del relativismo (p. 227 ss.) y acerca de la posibilidad de establecer cuáles *apriorismos* radican en el fundamento del ser, para poder, ordenándolos y corrigiéndolos, penetrar en las *posterioridades* (p. 228 ss.). También Troeltsch, *Der Historismus und seine Überwindung,* Berlín, 1924, había tratado de superar el relativismo de lo empírico; sobre esta tentativa, véase May, 1. c., p. 190 ss.

El historiador que haya acertado a formarse esta segunda visión, mira en primer término, cuando aplica sus métodos a las obras del hombre, a penetrar en lo íntimo de las realizaciones del espíritu finito —que se manifiesta en la existencia humana y crea los tipos y las formas de la civilización—, con el fin de poner de manifiesto sus características y peculiaridades, pero a la vez no puede dejar de sentir el impulso de averiguar todo lo que queda siempre de vivo y válido, por encima del tiempo y del espacio, en aquellas varias manifestaciones. Y cuando haya reconstruido las fases más salientes y más significativas del devenir humano, cuando haya analizado las producciones más elevadas de la actividad espiritual, se percatará de que para aprehender la esencia de esta se impone un ulterior procedimiento que libere aquellos datos y aquellas producciones de las determinaciones temporales y condicionales —donde se distribuyen en una serie irrepetible—, y que lleve a descubrir en aquellas situaciones las actitudes constantes del espíritu y a explicar por ellas los elementos permanentes[45].

Ahora bien, para responder a la pregunta del dogmático que busca el núcleo de verdad contenido en sus construcciones conceptuales, como para resolver el problema del historiador que quiere descubrir los elementos esenciales y permanentes de la experiencia jurídica, es necesario un análisis que traiga su fundamento de la historia y del examen de las diversas doctrinas, pero que supere aquella historia y aquel examen para penetrar en lo íntimo de la experiencia jurídica; nacerá así una ciencia jurídica de *segundo grado,* que será una nueva *positio* del *Studium iuris,* por encima y más allá de las dos *positiones* que yo he definido, esto es, del conocimiento histórico y de la dogmática.

La fundación de esta ciencia presupone, como es fácil comprender, que el conocimiento científico, del que he

45 Estas ideas ya han sido expuestas en gran parte por mí en el escrito *Idee per un rinnovamento della scienza del diritto,* que, si bien inserto en diversas revistas, no me parece que haya detenido la atención de los estudiosos. En parte las he reafirmado en mi obra *Arcana imperii* (véase, sobre todo, vol. I, cap. I, § 4) y vuelvo a exponerlas aquí con la esperanza de que algún grano de la semilla arrojada caiga en buena tierra.

indicado las normas, sea llegado a reconstruir los lineamentos, la estructura, las formas, las doctrinas de los más importantes ordenamientos y sistemas jurídicos, y que para cada uno de ellos se acierte a fijar los caracteres en relación con los varios elementos de la civilización de los que aquellos ordenamientos y sistemas son expresión. El estudioso se encontrará entonces frente a una masa imponente de datos, cuyo panorama le planteará toda una serie de problemas.

Hallará, por ejemplo, que entre los diversos pueblos y en los sucesivos momentos de desarrollo de su civilización es vario y mudable el juego de acciones y reacciones entre derecho, economía, religión, ética, política, filosofía; que diversas son las relaciones entre Estado y Derecho, o, al menos, entre el Estado y los modos de formación y de formulación del Derecho o de una parte del Derecho; que varios son los órganos mediante los cuales se fijan las normas del Derecho positivo; que varia ha sido en la determinación y en el desarrollo de este la función de la jurisprudencia, y que diversas son las categorías judiciales a las que esta ha recurrido[46]; que a veces coexisten dentro de la misma organización política diversos ordenamientos jurídicos que reaccionan variamente el uno sobre el otro; que existen relaciones, aunque no uniformes, entre la naturaleza de las estructuras políticas y la solidez y la posibilidad de expansión de los ordenamientos jurídicos a aquéllas correspondientes; que fenómenos de recepción de institutos, de principios, de doctrinas, en ocasiones han alterado fundamentalmente el ordenamiento preexistente; que existe reciprocidad, si bien variable, de relaciones entre el Derecho material y el proceso, en dependencia de las varias formas y de los varios modos con que se constituye la relación procesal; que la aplicación de principios elementales parecidos puede llevar a institutos desemejantes, según la naturaleza de la organización política y la actividad de los órganos llamados a la aplicación; que también ordenamientos jurídicos afines pueden presentar

46 Para este punto véanse las agudas observaciones de Ascarelli, *La funzione del diritto comparato e il nostro sistema di diritto privato* (*Annali del Seminario Giuridico dell'Università di Catania*, III, 1949), p. 11 ss. (estr.).

diversas estructuras, quisiera decir diversas arquitecturas, dependientes de su formación histórica y de la acción de los diversos factores de la civilización; que en todo ordenamiento existen, aunque no idénticos, unos cuantos institutos fundamentales correspondientes a necesidades elementales, que constituyen el núcleo en torno al cual se coordinan otros en modos y combinaciones varias; que todo instituto tiene su propia estructura y una correspondiente función originaria y primaria, pero que funciones idénticas o parecidas pueden ser cumplidas por institutos dotados de diversa estructura; que existen relaciones de coordinación o de subordinación entre las funciones —en sustancia, entre los fines de los institutos—, y que de estas relaciones dependen algunos de los caracteres del sistema; que la variación de los fines y la consiguiente necesidad para los institutos de satisfacer a nuevas funciones, importa fatalmente, o la transformación de los viejos institutos, o la creación de otros nuevos; que los institutos jurídicos poseen la tendencia a mantener su estructura originaria, pero que algunos están dotados, en comparación con otros, de mayor elasticidad, y tienen cualidad de adaptación, mientras los hay que, privados de estos caracteres con la mudanza de los fines, se reducen a rudimentos históricos; y así se diga todo lo demás. Estos y otros innumerables datos semejantes aparecerán al observador atento y se presentarán bajo los aspectos y las luces más varias.

Es bien natural entonces que el estudioso, empujado por la voluntad de comprender, se formule toda una serie de preguntas.

Primera pregunta: si, como hemos afirmado, en toda manifestación concreta de la actividad espiritual existen realidades históricas y temporales y juntamente elementos y principios constantes, ¿debemos admitir que en todo ordenamiento jurídico existen formas, relaciones, institutos de naturaleza particular y contingente, al menos en parte, junto a principios, a tipos generales y permanentes?

Dado que, sobre la base de nuestras premisas, se responda afirmativamente a esta pregunta, surge inmediatamente una segunda: ¿cuál es la parte que se debe otorgar a aquellos condicionamientos de los que derivan las individualidades y las particularidades de la historia, y cuál es, por el contrario, la parte que conviene atribuir al elemento constante en que debe manifestarse la unidad y la continuidad del espíritu humano?

Y más precisamente. Este elemento común y permanente que se quiere encontrar en todo ordenamiento, ¿debe buscarse en la materia o en los modos con que el espíritu supera las oposiciones del mundo, las situaciones de hecho, la mudanza de circunstancias? Esto es, ¿se debe creer encontrar este elemento común en el contenido de los institutos, o sea, en aquella parte que está directa y continuamente condicionada por el ambiente material y espiritual —como solían hacer los antiguos comparatistas—, o, por el contrario, en las formas, en los modos, en el estilo en que se manifiesta el espíritu que quiere dominar con el orden jurídico la realidad de la vida social? En otras palabras, ¿en la función y en los fines de los institutos, o bien en los procedimientos con que sucesivamente se crea y se desarrolla un ordenamiento jurídico? ¿O en los unos y en los otros a la vez?

Otra pregunta todavía. ¿Se podrá llegar por esta vía a una ciencia jurídica que fije una serie, no digo de leyes universales, pero al menos regularmente generales, según las cuales se desenvolvería el proceso del pensamiento jurídico concreto, esto es, la vida de los ordenamientos jurídicos?

Estas y análogas cuestiones, que he planteado, no para contestarlas, sino para indicar cuál podría ser la problemática de aquel ulterior grado de la ciencia por mí indicado, me parece que valen mejor que cualquier razonamiento para hacer entender la importancia de estas indagaciones dirigidas a ahondar la comprensión de los fenómenos jurídicos en cuanto hechos espirituales.

Esta nueva disciplina -—que queda siempre sobre el terreno de la experiencia—, pienso yo que deberá tener como fin el de descubrir los procesos constantes mediante los cuales la voluntad de orden y la idea del Derecho se hacen concreción eficiente y operante en la vida de la sociedad, así como el de poner en evidencia las creaciones típicas de tales procesos constantes. Deberá sacar sus materiales de una indagación histórica llevada con largueza de visión y con uniformidad y rigor de método, indagación cuyo resultado será una vasta casuística donde aparecerán en su concreción los elementos y momentos esenciales de la vida jurídica, el sentido y el orden de los diversos institutos, los modos, las formas, los aspectos de su nacimiento y de su desarrollo, sus relaciones y reciprocas interdependencias, sus posiciones en el complejo de las estructuras de una civilización, sus relaciones con las tendencias, con las actitudes, con el espíritu de esta. Y deberá, por tanto, afrontar el trabajo de discriminar los procesos que se presentan con uniformidad y regularidad y todos los elementos dependientes de condicionamientos particulares; en el intento de reconstruir la lógica interna de la actividad espiritual en la creación de los ordenamientos jurídicos. Mediante este estudio amplio y metódico, con ingrediente de historia, es de esperar que un día consigamos penetrar en lo íntimo de la actividad jurídica, en cuanto expresión y, al propio tiempo, factor de civilización, y aprehender los modos de su realización, las vías de su desarrollo, los procedimientos de su productividad.

Más allá de la historia, esta ciencia metahistórica lleva, por tanto, hasta los umbrales de la filosofía: guía la mente desde lo particular a lo general, ofreciendo el medio para conocer las construcciones del espíritu humano en su totalidad y, consiguientemente, la posibilidad de acercarnos a su esencia eterna. Y esta es, creo yo, la meta última hacia la cual también nosotros, juristas, somos empujados por el ansia de sacar de la experiencia y de la especulación la confirmación puntual de aquellas verdades universales que, frecuentemente, como centellas serpenteantes e inaprensibles, relampaguean en lo profundo de nuestra conciencia, encendidas por el rayo de lo divino que está en nosotros. Y así, a lo divino nos llevará nuestra dura y paciente fatiga humana.

Puntos de orientación para el estudio del derecho
de Pietro De Francisci
se imprimió en la República Argentina en diciembre de 2018.

Made in the USA
Monee, IL
18 October 2026

66036008R00035